RÉFLEXIONS

SUR

LES AFFAIRES D'ESPAGNE.

RÉFLEXIONS

SUR LES

AFFAIRES D'ESPAGNE,

ET SUR LA POLITIQUE

DU GOUVERNEMENT FRANÇAIS.

PAR M. COUSTELIN.

PARIS,

C. J. TROUVÉ, IMPRIMEUR-LIBRAIRE,

RUE NEUVE-SAINT-AUGUSTIN, N° 17.

1822.

RÉFLEXIONS

SUR

LES AFFAIRES D'ESPAGNE,

ET SUR LA POLITIQUE

DU GOUVERNEMENT FRANÇAIS.

CHAPITRE PREMIER.

Que faites-vous, monarques de l'Europe, tandis que le monstre révolutionnaire s'agite avec fureur, s'élève, croît et s'apprête à vous dévorer, vous et les peuples que Dieu a confiés à votre garde? Vos hommes d'État ne verront-ils la politique qu'à travers des nuages de préjugés? N'étudieront-ils les hommes et l'esprit du siècle que dans l'intérieur de leurs salons? Vous avez formé la Sainte-Alliance, et vous laissez sans effet cette conception sublime, cette œuvre dictée par la sagesse et par l'humanité? Vous proclamez les principes de paix, et vous augmentez sans cesse ces masses déjà effrayantes de troupes permanentes! Pouvez-vous méconnaître les dangers d'un tel appui? Regardez autour de vous, et voyez quels sont les auteurs, ou, si vous l'aimez mieux, les instrumens des insurrections de l'île de Léon, de Naples et de Turin; c'est l'armée, qui partout inspire de l'ombrage : en Prusse on la redoute, en France on la caresse; c'est elle, en un mot, qui achèvera ce que les sophistes ont commencé.

La Sainte-Alliance a fait une faute énorme en n'intervenant pas d'une manière directe dans les affaires d'Espagne; l'Europe ressentira encore une fois le funeste contre-coup d'une révolution opérée chez une nation grande et belliqueuse. La coalition qu'ils ont formée contre les peuples, et pour leur bonheur, doit également redresser les erreurs des monarques. Un roi est homme, conséquemment il peut se tromper ou être trompé; il est inviolable pour ses sujets, et n'est point passible de ses actes envers lui; mais il doit l'être devant le tribunal de ses pairs.

Lorsqu'en 1814 Ferdinand VII refusa d'accepter la constitution des Cortès extraordinaires, composées d'hommes qui lui avaient conservé son royaume, un congrès de souverains devait se saisir de l'affaire, la méditer mûrement, rectifier les vices de cette constitution, ou en rédiger une autre, et lui enjoindre de la promulguer dans ses États. S'ils commirent la faute de ne pas le faire; si, suivant un faux système, ils crurent se respecter eux-mêmes en respectant la volonté de leur égal jusque dans ses écarts, ils devaient nécessairement lui porter secours quand ses soldats révoltés voulurent lui imposer la loi en lui mettant la baïonnette sur le cœur.

Après la pacification de Naples par les Autrichiens, on s'attendait à voir les souverains alliés faire marcher des troupes sur l'Espagne, afin d'y éteindre le volcan révolutionnaire, dont quelques étincelles avaient embrasé l'Italie.

Quelque considération a pu les arrêter devant un devoir aussi sacré que celui d'arracher des mains des cannibales un prince de la race illustre des Bourbons, et sauver des horreurs de l'anarchie une nation intéressante. L'empereur Alexandre vient de donner une nouvelle preuve du sentiment dont il est animé pour le repos du monde et pour la consécration de la légitimité. Sa belle âme a su résister au vœu hautement exprimé par son peuple et par son armée, ou dit même aux sollicitations des objets de ses plus tendres affections. Il a fait taire son intérêt particulier, et a étouffé le desir d'acquérir, ce que d'autres que lui appelleraient de la gloire. Le cabinet de Vienne n'a jamais varié dans sa marche loyale et bien entendue. Ce n'est donc point là qu'il faut chercher la cause d'une insouciance aussi condamnable; je la trouverais plutôt dans la politique tortueuse de notre ministère d'alors, maîtrisé par une faction qui ne rêve que le trouble. Celui que nous avons présentement croit qu'il suffira de favoriser secrètement le parti espagnol qui voudrait modifier leur pacte fondamental. Il se trompe : on renverse un gouvernement légitime, faible, qui ne sait pas se soutenir; mais un gouvernement révolutionnaire est bien autrement constitué; il est fort même de ses injustices et de ses cruautés, il ne saurait être culbuté que par un système plus violent encore ou bien après avoir, ainsi que nous en avons offert l'exemple, parcouru tous les degrés de la folie et des crimes.

C'est en vain que l'on se flatterait qu'une nation qui a foulé aux pieds les principes sur lesquels repose son existence, puisse revenir promptement sur ses pas. Et comment espérer que quelques résistances isolées suffiront pour abattre un ordre de choses qui offre à la classe moyenne la participation aux premières fonctions de l'État, aux soldats la licence, à la populace le pillage, et à tous ensemble la perspective d'acquérir l'objet de leur ambition, et cela au détriment de deux ordres (la noblesse et le haut clergé) qui n'ont réellement qu'une force morale à leur opposer? Toutefois, il est certain que de pareils changemens ne peuvent s'opérer sans exciter des mécontentemens, même de la part des personnes qui doivent y gagner : les uns, parce que la nouveauté blessera leurs idées reçues; d'autres, par le lien de l'intérêt ou de la reconnaissance qui les attachent aux hommes déchus; un très-petit nombre, par un sentiment de justice et d'humanité.

Quoique notre voisinage, plus encore le séjour de nos armées dans ces contrées, ait altéré les mœurs du peuple, la religion et ses ministres y exercent beaucoup d'empire; mais, hélas! la pente du mal est rapide, la vertu impose des obligations austères, tandis que le vice flatte nos passions; et, dans une lutte sur notre faiblesse, la première succombe, si le pouvoir et les lois ne la soutiennent. L'idée que la France se préparait à porter du secours à leur malheureux Roi, a fait insurger les mécontens des provinces limitrophes de nos frontières; mais que peuvent-elles, ces bandes armées, sans chefs importans, sans appuis ostensibles comme sans trésor? Elles se verront exterminer en détail : plus elles se multiplieront et deviendront nombreuses, plus leurs difficultés augmenteront, à cause qu'elles seront obligées d'employer des moyens vexatoires pour se procurer leur nécessaire; et ce fardeau, devant peser principalement sur les habitans des campagnes et des petites villes, les leur donnera bientôt pour ennemis.

Enfin, cette triste politique de notre part, de ne jamais oser avouer le bien, ni se déclarer ouvertement contre le mal, de vouloir secrètement que le parti de la monarchie tempérée triomphe dans ce pays, et de ne pas savoir le protéger efficacement, aura pour résultat d'avoir mis sous les armes la population entière de l'Espagne, et de lui fournir l'occasion de développer toute l'énergie dont elle est capable. Si, au milieu de la guerre civile qu'elle va se livrer, un grand parricide vient à se commettre, ce qui me paraît immanquable, à moins d'un miracle, alors, irritée de sa fureur, elle fera expier au reste de l'Europe la peine de son propre crime : c'est en vain qu'on enverra contre elle des armées royales et impériales; il sera trop tard : elles seront aussi faibles devant des Espagnols combattant au nom de la liberté, que ceux-ci le furent jadis vis-à-vis nos phalanges républicaines.

Mais, que l'on ne s'y trompe pas, l'électricité révolutionnaire ne tardera point à se communiquer : les Italiens et les Piémontais, momentanément comprimés par les Autrichiens, se relèveront avec toute l'impétuosité d'un caractère retrempé par l'oppression; la démocratie, qui coule chez nous à plein bord, trouvera dans nos voisins un puissant allié. Supposons un instant, ce dont je suis très-persuadé, que la France vînt à faire cause commune avec cette confédération gigantesque entre l'Espagne, le Portugal, l'Italie et le Piémont révolutionnés: dans cette conjoncture, que deviendrait la Sainte-Alliance avec ses fameux congrès et ses éloquens manifestes? L'Angleterre, incessamment travaillée par une opposition hostile, harcelée par une immensité de mendians raisonneurs et turbulens, que l'aspect des distinctions et des richesses irrite; les Pays-Bas, imbus de nos doctrines, supportant impatiemment leur réunion avec la Hollande; la Prusse, sourdement agitée par la secte Teutonienne; enfin, le colosse du Nord, la Russie, subissant le poids de sa gloire dans une armée de huit cent mille hommes, que ses succès ont fanatisée, inquiétée par l'esprit belliqueux et insoumis des Polonais. Je m'arrête, et laisse aux véritables amis de l'ordre et de l'humanité à décider ce qui en adviendrait.

CHAPITRE II.

Le ministère ne pourra jamais consolider notre repos, si préalablement il ne pacifie l'Espagne : on a tout lieu de craindre qu'il ne porte dans sa politique extérieure ce système de demi-mesure que l'on remarque dans tous ses actes ; la fatalité veut qu'il s'obstine à méconnaître l'énormité du mal qui nous mine, et qu'il n'emploie que de vains palliatifs sur un corps gangrené dans toutes ses parties.

Si la pratique des vertus privées, la franchise et un attachement inviolable à la dynastie régnante, suffisaient pour assurer notre bonheur, ceux qui tiennent le timon des affaires nous offriraient l'aurore de l'avenir le plus riant. Malheureusement nous nous trouvons dans une circonstance particulière, où l'adresse, une volonté bien prononcée et la force sont des qualités indispensables pour réussir.

Tout le monde est d'accord qu'il y a deux partis en France, un qui veut la légitimité, l'autre qui la repousse : les ministres se flattent qu'avec le temps, la patience, et faisant quelques concessions, ils parviendront à réconcilier tous les esprits. C'est une erreur qui provient bien plus de la bonté de leur caractère que du manque de lumière; mais elle n'en sera pas moins la cause des calamités que nous sommes réservés à souffrir. Sans doute que, si les libéraux repoussaient la légitimité en haine pour les Bourbons, que cette haine fût l'effet des préventions que les gouvernemens précédens ont cherché à faire naître contre eux, qu'ils crussent de bonne foi que la France ne peut être heureuse sous leur sceptre, les ministres auraient raison. Les vertus dont cette auguste Famille donne journellement des preuves si touchantes, la véritable liberté dont nous jouissons, l'état florissant de notre prospérité en tout genre, et de nos finances, malgré les charges énormes que nous ont laissées l'usurpation et les deux occupations étrangères, opéreraient infailliblement cette conversion, si toutefois elle avait dû tarder si long-temps; mais il n'en est pas ainsi: s'ils n'en veulent pas, c'est parce qu'elle ne peut satisfaire la passion qui les domine, l'amour du pouvoir, des distinctions et des richesses: donc, leur répugnance étant basée sur l'intérêt et l'orgueil, elle ne saurait jamais être vaincue. Bien plus, ces vices ne sont pas seulement le partage de quelques individus ; la nation en est généralement infectée, et il sera d'autant plus difficile de l'en guérir, qu'ils prennent leur source dans toute l'organisation du corps social, monté à un diapason où il ne saurait se maintenir. Comment gouverner un peuple livré à la fureur du luxe et des plaisirs, possédé par l'ambition, qui se crée sans cesse de nouveaux besoins, quitte journellement les travaux utiles et nourriciers pour s'adonner aux arts d'agrément ?

Récapitulez les conquêtes que la légitimité a faites depuis huit ans que nous sommes dans le cas d'apprécier ses bienfaits, et depuis que les rênes de l'État sont tenues par des hommes qui devraient inspirer une pleine confiance, et vous aurez la solution de la vérité que je viens de démontrer. Si donc il est notoire que vous ne pouvez gagner ce parti, il faut le combattre. Pour le faire avec avantage, il est instant de lui ôter toutes les forces qui sont naturellement à votre disposition, pour les porter de votre côté ; chaque négligence à cet égard est une faute, et, en politique, chaque faute est un crime.

Ce qui les rassure peut-être, c'est la confiance du nombre qu'ils proclament sans cesse être en leur faveur. Quant à cela, j'aime bien qu'ils le disent et le fassent publier ; mais je voudrais les voir agir, comme s'ils croyaient le contraire : ce qui serait fort prudent, et les mettrait dans le cas de prendre d'utiles précautions : souvent trop de sécurité nuit.

Examinons d'abord s'ils peuvent réellement compter sur la puissance du nombre. Je diviserais la population du royaume en dix classes; savoir : sept formant la masse des indifférens, lesquels prennent peu de part à la politique; ils n'aspirent qu'à vivre en paix, ne s'occupent que de leurs affaires particulières, d'élever leurs enfans et leur assurer un sort; ils paient leurs contributions sous tous les gouvernemens possibles, républicain, impérial ou royal, peu leur importe; ils suivent l'impulsion qu'il leur donne, pourvu qu'ils en soient protégés. C'est de cette masse que chaque parti grossit ses cadres, et s'attribue libéralement l'opinion : elle veut le bien sans contredit, mais ne sait pas toujours le distinguer; elle déteste le mal, mais ne fait rien pour l'empêcher. Deux autres se composent d'hommes ambitieux, énergiques, qui ayant des passions fortes et pas assez d'argent pour les satisfaire, aiment le mouvement, desirent les changemens quels qu'ils soient, espérant d'y trouver l'occasion de faire leur coup : elles sont l'auxiliaire immédiat des factieux. La dernière se compose des deux partis qui se disputent le terrain, et qui consacrent leur talent, leur fortune et leur vie pour le triomphe de la cause qu'ils ont embrassée. C'est entre ces fractions qu'un combat à mort est livré, avec cette différence pourtant, que l'on peut comparer l'un des champions à un agneau en présence d'un loup affamé qui guette l'instant de le dévorer. Le premier n'est jamais hostile, et n'a pour défense que sa candeur, et les circonstances qui retiennent momentanément la férocité de son ennemi. Parlons sans amphibologie : les royalistes ont des mœurs douces, et, en général, toutes les qualités qui, dans la vie civile, distinguent l'homme de bien; mais ils n'ont rien de ce qu'il faut pour réussir en temps de crise. Tant que le calme durera, rangés derrière le trône des Bourbons, appuyés par le gouvernement, il conserveront cette attitude que leur donne leur position sociale; mais aussitôt que la guerre éclatera, ils ne pourront soutenir le choc d'un adversaire qui combat armé de toute pièce. Il n'y a plus d'expérience à faire à cet égard. Néanmoins, ils persévèrent à fermer les yeux sur le passé; rien au monde ne pourra les leur dessiller; c'est une chose décidée, et ceux qui sont liés à leur sort doivent se résoudre à conquérir la palme du martyre. J'admire combien ils ont le caractère bien fait; ils se réjouissent de tout! Ils chantent victoire lorsque, sous le règne de Louis XVIII, sous l'administration d'un ministère qui offrait à la France la perspective d'une félicité qu'elle attend depuis si longtemps, celui-ci n'obtient dans les élections que tout juste le nombre de voix qu'il avait perdues par la sortie du cinquième; c'est-à-dire, qu'il sera obligé de continuer à s'appuyer de cette portion de bons royalistes de la Chambre qui aideront de leur votes les ministères félons qui dépeçaient si bien la monarchie. Ils se réjouissent à chaque insurrection qui vient d'éclater, de ce que le trône est resté debout; ils se réjouissent aussi à toutes les conspirations militaires qu'on a déjouées, en voyant que l'armée n'a pas encore suivi un Riégo. Mais moi qui me rappelle qu'ils chantaient sur le même ton, ainsi que nos amis de la Péninsule, quand les tentatives de Lascy et de Porlier avaient échoué, et n'oublie pas ce qui s'est passé ensuite, je gémis de ce qui les fait rire, et suis épouvanté de ce qui les rassure. Eh! comment ne pas frémir en réfléchissant que le moindre accident survenu à l'extrémité de l'Europe peut nous replonger dans l'anarchie! Comment ne pas frémir en remarquant qu'un parti que l'on s'imagine être imperceptible lutte dans les élections avec avantage contre le gouvernement; qu'il exerce cette influence sur une classe d'hommes qui, par leur position, doivent être naturellement amis de la tranquillité, et conséquemment de l'ordre de choses qui la leur garantit? Voit-on le côté gauche fondre à vue d'œil, ainsi qu'il en était de celui de droite sous des ministres perfides? Cependant le drapeau blanc flottait alors sur les Tuileries. Il faut bien se rendre à l'évidence, et reconnaître une puissance dangereuse.

Des personnes dignes de foi, et qui sont à portées d'être bien instruites, prétendent, d'après des calculs plausibles, que le comité directeur a introduit, au moyen des patentes, deux mille électeurs dans les colléges de Paris; si des particuliers ont pu faire deux mille électeurs, pourquoi vous, Gouvernement, n'en avez-vous pas fait quatre mille? pourquoi, dans les départemens où vous savez que les ennemis du Roi de France (car aujourd'hui tout est apprécié à sa juste valeur) sont en majorité, n'élevez-vous pas à trois cents francs les impositions des royalistes qui paient au-dessous? Prétendriez-vous vous faire scrupule d'user de cette ressource, ou que l'exactitude avec laquelle le budget s'établit, ne vous donne point la latitude de dépenser quelques millions? Ah! si de pareilles considérations vous arrêtent alors qu'il s'agit de sauver la France et la monarchie légitime, préparez-vous pour assister à leurs funérailles.

Grâces à ces élections, nous aurons encore des

lois faites sous le bon plaisir de cette race de métis-politiques qui ont acquis tant d'importance sous des ministères traîtres ou faibles. Ils sont là, disent-ils, pour opposer une digue aux débordemens des têtes exaltées, mettant sur la même ligne la violence du crime et les sublimes élans de la vertu; enfin, ils sont modérés. Mais qu'est-ce qu'un modéré? La modération dans l'exercice de la vie domestique est une qualité admirable; celui qui la possède fait les délices de tout ce qui l'entoure, en ce qu'il sait être indulgent pour les défauts d'autrui, excuser les fautes des siens, et souffrir quelques négligences de la part de ses amis. Mais en politique, servir modérément son Roi et sa patrie, veut dire n'employer pour eux qu'une partie de ses facultés; remplir modérément ses devoirs, c'est mal s'en acquitter; défendre, encourager modérément la vertu, et réprimer modérément le vice, c'est ne pas donner à l'un tout l'essor dont il a besoin, et ne pas empêcher suffisamment que l'autre ne se propage.

Au reste, ces messieurs font bien, le métier est excellent : ce sont les modérés de cette convention, d'exécrable mémoire, qui ont hérité de la révolution. Fidèles à leur merveilleux système, ils ont servi tous les pouvoirs, et sont venus jusqu'à nous, surchargés de richesses et de titres.

Pourquoi donc tous ces braves qui combattirent à l'armée de Condé, dans la Vendée, à Quiberon, plus tard, ceux qui quittèrent leur famille et leur patrie, s'exposèrent aux dangers de la guerre, à la haine homicide de l'usurpateur, aux vicissitudes de l'émigration, pour suivre leur Roi lâchement trahi, et qui végètent aujourd'hui dans la misère, pourquoi, dis-je, ne furent-ils pas modérés? C'est leur faute; une autre fois ils seront mieux avisés. Au surplus, ils ont la douce consolation de savoir que, durant le règne des Bourbons, ils ne seront pas recherchés pour ce fait; on les a amnistiés.

Enfin, presque toutes les premières places de l'État continueront d'être occupées par ces hommes prudens qui, pourvu que l'intérieur de leur maison aille son train, que leurs appointemens se payent régulièrement, et que le Roi soit encore aux Tuileries, s'imaginent que tout va le mieux du monde; leur prévoyance ne s'étend pas plus loin : incapables de faire le mal, mais faciles à se laisser circonvenir par un ennemi habile à les saisir par leurs côtés faibles, ils sont pour cela aussi dangereux que les traîtres eux-mêmes. On les voit s'accommoder assez de cette foule de subalternes dont on a maintes fois dénoncé les dispositions malveillantes envers les fidèles serviteurs du prince. Eh! pourquoi ne s'en arrangeraient-ils pas? Les ministres, dès leur entrée aux affaires, s'empressèrent de leur accorder la rémission de leurs peccadilles passées, à condition que désormais ils ne se montreraient pas leurs ennemis. Ils y ont souscrit, comme on le pense bien, persuadés qu'ils pourraient, en attendant mieux, contrecarrer leurs plans dans les opérations de détail. Beaucoup cependant (il faut leur savoir gré de cette loyauté *), ont violé ouvertement le pacte aux dernières élections; mais c'est égal, on leur pardonne encore. Que ne leur pardonnerait-on pas? On réserve toute son inflexibilité pour les siens, à moins toutefois d'être les amis intimes de leurs excellences; ceci est une clause du manifeste du 24 février. Quant aux autres, qu'ils se tiennent bien pour avertis qu'ils ne doivent rien espérer d'eux **; ainsi le veut l'éternelle justice. On a peine à se rendre compte de tant d'absurdes iniquités.

* Ils ont pensé apparemment que de pareils antagonistes ne valaient pas la peine qu'ils violentassent leur conscience.

** Ceux qui sont en position de pouvoir attendre doivent s'en consoler, après avoir vérifié la justesse d'un bon mot que l'on attribue à un très-grand et très-grave personnage. On raconte qu'un pauvre royaliste étant allé lui demander sa protection, ce seigneur lui répondit sèchement qu'il ne serait point employé; l'humble solliciteur se mit à lui rappeler tout ce qu'il avait fait pour la cause des Bourbons, lorsqu'il l'interrompit par cette boutade : « *Eh! Monsieur, il ne s'agit point de cela! aujourd'hui on ne place que les sots et les hypocrites, et vous n'êtes ni l'un ni l'autre.* » On croit généralement que dans ce moment-là il avait en vue certains commis principaux nouvellement établis à l'hôtel de la rue de Grenelle.

CHAPITRE III.

Il est bien démontré qu'il existe une conspiration permanente contre le trône légitime; les journaux le répétent périodiquement ; on l'a souvent déclaré à la tribune de la Chambre des députés: l'illustre chef de la Cour royale de Paris a signalé cette conspiration au Monarque, à l'époque d'une funèbre solennité; son procureur-général vient tout récemment de la dénoncer dans son réquisitoire contre les attentats de Saumur. Le fait est donc incontestable ; ses actes sont patens : elle est puissante, redoutable; ses ramifications s'étendent dans toutes les parties de l'Europe; elle se compose des ambitieux, des sots, des mécontens, des orgueilleux, et de tous ces hommes accablés de dettes et de crimes. Ces différentes classes d'individus sont terribles en temps de troubles; quelques centaines suffisent pour opprimer tous les paisibles habitans d'une grande cité. Ajoutez qu'ils ne manqueront jamais d'être suivis par la populace, qui est et sera toujours ce qu'elle a été à toutes les époques et dans tous les pays.

A l'aspect d'un danger aussi imminent, quel est le premier devoir, le devoir le plus impérieux d'un ministre loyal? C'est de rassembler des forces capables de résister à l'ennemi, de créer un parti et des intérêts opposés aux siens; c'est précisément ce qui ne peut entrer dans la tête des nôtres. Ce qui nous perdra infailliblement, c'est l'obstination qu'ils mettent à ne pas vouloir apprécier la puissance du géant qu'ils ont à vaincre; abattu, mais terrible; enchaîné par la suspension momentanée des hostilités, le monstre effraie la France au moindre mouvement qu'il fait; sitôt qu'un accident, que mille causes imprévues peuvent faire naître, viendra briser ses entraves, il se relèvera et nous écrasera sous le poids de son horrible masse.

Avec un budget de neuf cents millions, la disposition de cent mille places, de toutes les entreprises nationales, des grâces et des honneurs, Mercier aurait dit qu'il se faisait bon de composer un parti à Cartouche, si Cartouche revenait, et qu'il pût s'emparer du pouvoir. Nos hommes d'État, au contraire, ne parviennent qu'à décomposer aux petits-fils de Saint-Louis et de Henri IV celui qu'ils ont; ils leur aliènent chaque jour quelques-uns de ceux qui leur ont déjà montré leur dévouement, et qui pourraient les servir utilement. S'ils voulaient des preuves de cette assertion, elles ne manqueraient pas; que cette faute provienne d'eux ou de leur entourage, le résultat est le même : ce qui, d'ailleurs, prouverait cette vérité, qu'ils ne peuvent eux seuls suffire à tout. En n'employant que partiellement leurs amis intimes, et repoussant ceux qui n'ont que leur dévouement à faire valoir, on indispose les individus qui appartiennent aux classes inférieures, et sur lesquels, en temps de troubles, le fardeau pèse plus exclusivement; on leur fait penser qu'ils se sacrifient pour une cause qui ne leur est pas personnelle : au jour du malheur, ces êtres favorisés regarderont autour d'eux, et seront épouvantés de leur isolement; ils verront ce que peut un général sans soldats.

CHAPITRE IV.

LORSQUE ce ministère prit la direction des affaires publiques, la tâche qu'il avait à remplir était pénible, sans doute ; car, à toutes les difficultés que la révolution avait accumulées, il venait s'y joindre celle, plus grande encore, de la démoralisation politique dont on s'était plu, depuis la Restauration, à infecter l'esprit du peuple. Que la Convention ait spolié, égorgé les fidèles serviteurs du Roi ; que le Directoire les ait proscrits ; que Buonaparte ait ravagé l'Europe ; personne ne trouvait que cela fût bien : les uns suivaient l'instinct de leur férocité ; ceux à qui le crime profitait cherchaient à s'étourdir, évitaient soigneusement d'écouter les cris de leur conscience : le bon peuple en gémissait, mais il n'était pas étonné que des scélérats dépouillassent et assassinassent, que d'astucieux méchans proscrivissent, et qu'un usurpateur désolât le monde pour établir sa dynastie ; tout cela étant individuellement de leur essence. Mais quand le tribunal suprême, où les actes de la révolte devaient être jugés en dernier ressort, arriva, et que l'on vit le crime accueilli, honoré, récompensé, et la vertu repoussée, honnie, humiliée; l'un, déjà comblé de fortune, en être accablé; l'autre, pauvre, allant vainement implorer la pitié; toutes les notions du juste et de l'injuste confondues, et la morale pervertie; on a dû croire que ce qui avait paru être mal, était bien, conséquemment que l'on s'était trompé de même sur ce qui avait semblé être bien.

Les ministres devaient s'empresser à redresser cet affreux intervertissement de l'ordre naturel; ils ont trouvé plus commode de suivre l'ornière battue par leurs prédécesseurs, ce qui les dispense de concevoir le projet d'opérer le bien, et de la peine de l'exécuter; leur épargne des tribulations et des haines, leur laisse la faculté de voir et causer familièrement avec les membres les plus exaltés de l'opposition, peut-être aussi de se rendre secrètement de petits services. En voyant cette façon de procéder, on serait tenté de croire que ces Messieurs, tant passés que présens, considèrent le gouvernement comme un vaisseau chargé de richesses, flottant au milieu d'une mer agitée, qu'ils vont tour à tour aborder, y prendre le butin qui leur convient, ensuite ils s'en retournent au port contempler l'orage, laissant à d'autres le soin d'en faire autant, jusqu'à ce que le vaisseau, brisé par les vagues, s'engloutisse au fond de l'abîme.

Leurs vues ne vont pas plus loin que la Chambre des Députés; c'est là qu'ils voient le reste de la France. Elle en offrirait effectivement le tableau, si nous étions dans un siècle ordinaire: mais il n'y a pas moyen de se faire illusion à ce sujet. Là, ils ont un centre dont ils disposent; c'est tout ce qu'il leur faut. Aussi ils le comptent et le recomptent encore; ils le choient, le cajolent; avec lui ils espèrent arriver à tout. Oui, s'ils ne veulent qu'aller à la fortune, c'est, j'en conviens, un excellent auxiliaire. Persuadé qu'ils ont envie de sauver la monarchie légitime, je leur déclare qu'ils s'étayent d'un faible roseau.

On assure que le favori de Plutus se distingue parmi ceux de ses collègues qui adoptent le bénigne système de ménager, comme on dit vulgairement, la chèvre et le chou; je serais assez porté à le croire, en regardant l'inamovibilité qui règne autour de lui, et sachant qu'il n'a pu employer, dans son immense administration, des officiers de l'armée de Condé qui sont dans une affreuse détresse. Est-ce là avoir des entrailles royalistes! Il me semble que les doctrinaires cherchent à s'emparer de lui, déjà leurs journaux l'adulent : j'ai grand'peur que sa bonhomie constitutionnelle n'y résiste pas. Pauvres royalistes ! vous êtes de bien braves gens ! Mais.... que vos ennemis doivent rire sous cape ! Cependant on ne peut se dissimuler qu'il n'y ait parmi eux des hommes d'un très-grand mérite. Les Chateaubriand, Montlosier, Vaublanc, Cousserques, etc. etc., ont fait leurs preuves ; que ne les consultent-ils ? Et M. de Bonald, qui leur a tracé tout un plan de conduite par ces deux mots : *Soyez forts*. Ce savant publiciste devrait bien leur indiquer les moyens de le devenir ; seulement je desirerais que ses conseils ne se ressentissent pas un peu de cette politique qui lui faisait naguère engager les souverains à se partager la Turquie européenne, et c'est un des plus célèbres défenseurs de la légitimité qui demandait cela ! Ces malheureux Turcs sont vraiment bien à plaindre ! tout le monde leur jette la pierre ; ils ont le tort impardonnable de demeurer étrangers aux folies qui nous agitent, et de conserver la pureté des mœurs qui les ont rendus si puissans, alors que nous mettons tant d'ardeur à dénaturer les nôtres.

Le duc de Bellune, uniquement borné à diriger les affaires de son département, reçoit l'impulsion de ses bureaux quand il croit la donner, et lutte de toute sa loyauté contre le génie malfaisant qui le presse de toutes parts : tel que Laocoon, il fait de terribles et vains efforts pour se préserver du monstre qui l'enlace dans ses immenses replis. Au milieu de l'illustre aréopage se trouve un jeune homme plein de talent et d'une noble ardeur, possédant les qualités nécessaires pour se faire suivre; une partie des autres emploient leur ascendant pour comprimer ses généreux élans : ils veulent faire passer dans son âme l'inertie et la mort politique dont ils sont atteints.

CHAPITRE V.

Depuis sept ans nous ne sommes pas gouvernés, la société est en poussière, nous dit-on; cela est vrai, dans ce sens que l'on ne s'est pas encore occupé à donner des fondemens à l'édifice social : de sorte qu'on n'a fait jusqu'ici que bâtir sur le sable.

Tant que la monarchie restera en équilibre sur le bord du précipice, que les principes de l'éternelle justice seront méconnus, que les intérêts généraux ne seront pas organisés de manière à concourir ensemble à la sûreté du trône, semblables à ces immenses agrès d'un vaisseau qui prêtent leur force au roi-mât dont ils sont soutenus, les meilleures lois du monde resteront sans effet. Ce sont les intérêts, ce principal mobile des hommes, qu'il importe d'abord de classer suivant l'ordre de choses que l'on se propose d'établir.

Les cours d'assises, les commissions militaires, la prison et le supplice, moyens odieux qui décèlent presque toujours la faiblesse et l'ineptie de ceux qui en font usage, ne sauraient contenir un peuple intrépide; mais quand l'excès de la civilisation a porté la corruption chez lui, il n'y a qu'à le prendre par l'amour-propre et l'intérêt, pour être sûr de le mener partout où l'on voudra.

La société est en poussière; mais cette poussière renferme des élémens qui, réunis avec intelligence et maniés avec adresse, formeraient un corps indestructible.

La disposition de neuf cents millions, des faveurs et des places, sont de puissans contre-poids pour faire pencher la balance du côté où l'on veut franchement les jeter; les derniers, surtout remis à des mains sûres et habiles, donnent une force incalculable.

Les emplois ne sont point le patrimoine des personnes qui les occupent : c'est une propriété publique confiée au Gouvernement, afin qu'il la fasse servir au bien-être commun. Dans un temps ordinaire, on ne saurait mieux faire que d'en maintenir la possession à ceux qui les remplissent avec capacité : cette stabilité serait un stimulant qui leur ferait apporter dans l'exercice de leurs fonctions tout le talent dont ils sont capables, y trouvant pour eux un moyen d'existence pendant leur vie, et un héritage à laisser à leurs enfans; ce qui donnerait indubitablement des administrateurs probes et éclairés. Mais lorsque l'État a été bouleversé de fond en comble par trente années de tourmente révolutionnaire, que tous les intérêts ont été déplacés, il est instant, il est indispensable que, pour reconstituer ce cahos, le Gouvernement s'empare de tous les moyens qui sont à sa disposition, et les emploie à réparer, autant que possible, les désastres que l'anarchie a produits. Ainsi donc, avec de l'argent je secoure, dans la vieillesse infirme, la fidélité malheureuse; avec une grâce, l'exploitation d'une entreprise lucrative, j'indemnise une perte irréparable, faite pour une cause juste; je donne un emploi, une dignité en récompense du dévouement aux Bourbons, à quelque époque que ce soit; ensuite, je recherche dans toute la France les hommes d'honneur, de mérite et d'énergie qui ont bien servi la patrie, qui sont pareillement susceptibles de bien servir le Roi, et les attire à moi en les faisant participer à toutes ces faveurs.

Combien de nos adversaires les plus influens marcheraient sous nos étendards si l'on avait su se les attacher !

Je suis loin de prétendre qu'il faille acheter

ses ennemis : ce serait un motif pour en augmenter incessamment le nombre ; néanmoins, avec un peu d'adresse, on peut quelquefois déroger à la règle, sans que cela puisse tirer à conséquence. Mais quand tout espoir de les ramener est perdu, il faut les combattre à outrance : plus ils sont puissans, plus vous devez frapper des coups forts et redoublés.

Les hommes ne sont que les instrumens des circonstances : plusieurs causes indépendantes de leur propre volonté peuvent les entraîner de l'un ou de l'autre bord. Comme particulier, je ne blâme l'opinion de personne; comme écrivain, j'en signale le vice; comme administrateur, je renverserais tout ce qui voudrait entraver l'exécution du plan que je me serais tracé. Si j'étais ministre d'une république, et que mon frère eût des opinions monarchiques, non-seulement je ne lui confierais pas un emploi, mais je le destituerais s'il en avait un; s'il était sans fortune, je lui ferais partager la mienne; mais s'il en avait une, et qu'il en fît usage pour détruire le Gouvernement que je suis chargé de soutenir, je tâcherais de le ruiner. Cette représaille est juste autant que nécessaire contre un ennemi qui, méconnaissant les obligations qu'il a à remplir envers l'État qui le protége, abuse de la position avantageuse où il est placé pour lui faire la guerre. Un pouvoir qui attaque toujours doit finir par triompher de celui qui ne fait que se défendre.

Il est certain que, dans cette organisation générale des intérêts matériels, bien des gens qui ont amassé une fortune considérable, ou assez honnête pour les faire vivre dans l'aisance, perdraient les places, les entreprises, etc., etc., dont ils sont en possession. Mais quelle injustice y aurait-il, ou plutôt quelle injustice n'y a-t-il pas de conserver ces faveurs à des hommes qui, dans le principe, ne les ont eues qu'en disant à leurs devanciers : Ote-toi de là que je m'y mette; ou, ce qui est pire, en coopérant aux œuvres de la révolution, ou à cause des liens d'une parfaite conformité d'opinion, d'amitié ou de parenté qui les unissaient à nos fameux régénérateurs? J'entends proclamer sans cesse qu'au sortir d'un ouragan public, il est urgent que, pour rétablir le calme, tous les citoyens fassent quelques sacrifices : je demanderai si l'on croit que ce vœu soit religieusement suivi, en fournissant à la profusion des uns, et privant les autres du plus strict nécessaire.

Si, au contraire, tout en respectant la propriété des biens acquis, quelle qu'en soit l'origine, le Gouvernement se servait de ceux dont il dispose, suivant que l'exige l'impartiale équité, les principes de la morale politique, ostensiblement professés par lui, renaîtraient parmi nous; si, toujours fidèle dans le système de n'accorder exclusivement ses faveurs et sa protection qu'aux amis zélés des Bourbons, il foudroyait de sa réprobation et de la rigueur des lois ses ennemis, cette impulsion, d'abord imprimée à ses agens, ainsi qu'aux institutions placées sous sa dépendance, se communiquerait comme une étincelle électrique sur toute la surface de la France : bientôt l'esprit public prendrait une nouvelle direction; dans toutes les classes de la société, un individu ne pourrait espérer de réussir dans son industrie ou dans la profession qu'il exerce, qu'autant qu'il serait connu par son attachement à la Famille royale, centre précieux de toutes les vertus, source de la vraie liberté, de l'honneur, de la gloire et de la prospérité nationale. Enfin, Grégoire et Thomas, vendeurs d'alumettes, ne trouveraient point à débiter leur marchandise; tout le monde achèterait de maître Jacques, parce qu'on saurait qu'il aime le Roi. Ainsi, l'intérêt et la politique liés ensemble formeraient un faisceau indestructible; le génie du mal, isolé, partout honni, abhorré, se verrait contraint de se cacher, et ensuite il disparaîtrait pour toujours.

Ce premier résultat obtenu préparerait la voie pour arriver au point où la société a besoin d'être ramenée, sous peine de périr. *

* Dans un ouvrage, dont celui-ci est extrait, je tâcherai de développer cette idée.

CHAPITRE VI.

L'UNIVERSALITÉ des Français aime les Bourbons ; je pense n'avoir pas besoin de justifier la vérité de cette assertion ; elle doit être sentie par tous les hommes de bonne foi. Mon rôle, ainsi qu'on a pu en juger par la lecture de cet écrit, ne sera jamais celui de flatteur ; la nature m'a refusé les qualités requises pour le remplir. Je dirai donc, sans craindre d'être démenti, ni taxé d'être mû par des vues personnelles, que la puissance morale que cette auguste famille a sur nous, est vraiment magique. Au milieu de tant d'erreurs et d'extravagances, elle seule se comporte bien, elle seule connaît toutes ses obligations, et les remplit toutes : semblable au suprême Créateur, du haut des régions où elle est élevée, elle gémit du choc affreux de nos passions, sans que le vice qui l'environne puisse altérer jamais son essence divine. Comme un tendre père, elle affectionne tous ses enfans, et l'infortune ne l'implore point en vain. Qui ne serait touché de tant de vertus ! Je l'aimais avant de la connaître, je l'idolâtre après l'avoir connue. Chose bien digne de remarque! c'est que, dans les procédures qui ont eu lieu au sujet des conspirations dont nous avons été témoins, on a vu les plus féroces coryphées de ces infâmes complots n'oser s'avouer à eux-mêmes ce qu'il adviendrait d'elle s'ils venaient à réussir, et être obligés d'assurer aux complices qu'ils cherchaient à séduire, qu'on ne lui ferait aucun mal. Je suis persuadé que la majeure partie des chefs qui conspirent dans le secret pour la renverser, s'en contenteraient fort bien, si elle voulait les placer aux premiers degrés de l'échelle politique, en faisant disparaître ceux qui y sont. Je crois que c'était là le projet de Decazes, d'abaisser l'ancienne haute aristocratie, pour en élever une composée de celle de Buonaparte, et de quelques gens d'esprit qui l'auraient aidé dans son entreprise. Ce projet n'avait que le défaut d'être impraticable. Comment, en effet, espérer de réduire à la condition d'Ilotes politiques une classe d'hommes dont les noms s'allient à ceux de nos Rois depuis la naissance de la Monarchie en France, qui sont les amis du Prince, possèdent des propriétés considérables, et occupent les principales avenues du trône? Eh bien! me dira-t-on, on les en éloignera et l'on émondera leur fortune; mais, comme on l'a déjà dit, les Montmorency et les Rohan, décrottant des bottes sur le Pont-Neuf, inspireraient encore plus de respect que leurs détenteurs au faîte des grandeurs. Eh bien! on les chassera du territoire français, ou l'on en fera une expédition pour la Louisiane; à la bonne heure. Maintenant, laissons à part l'horreur et l'extravagance de cette idée, qui n'est ici qu'une pure supposition; n'en examinons que le résultat. Leurs remplaçans se trouveraient enfin satisfaits, et j'aime à croire qu'ils serviraient fidèlement la légitimité. De cette manière le Roi se mettrait à la tête de la révolution, non pour la finir, mais pour la recommencer; car ce premier degré ne pourrait contenir qu'une petite fraction des aspirans, et tous ceux qui resteraient en dehors formeraient une nouvelle opposition, ayant également à sa suite les mauvais sujets et les mécontens du royaume, et il faut convenir qu'il y en aura toujours, attendu que sous quelque ordre de choses possible, nous verrons des pauvres et des riches, des gouvernans et des gouvernés, des hommes qui mangent peu et travaillent beaucoup, d'autres qui mangent beaucoup et ne travaillent pas. Cette opposition serait d'autant plus ambitieuse que le bouleversement aurait flatté ses espérances, et serait d'autant plus exaspérée et insoumise, qu'elle se verrait supplantée par les siens, et qu'on a toujours quelque répugnance à obéir à celui qu'on a vu son égal. La lutte deviendrait plus terrible qu'auparavant, et lorsque le peuple aurait encore une fois acquis la conviction qu'il ne peut rien gagner à ces changemens, qu'il lui faut subir la nécessité d'avoir des grands seigneurs, il ne manquerait pas de regretter les anciens.

Toutefois il n'est pas permis de se dissimuler qu'il existe contre eux une prévention malheureusement trop répandue; ce n'est assurément pas leur faute, c'est celle du siècle; mais elle existe, et doit s'accroître de jour en jour.

La Charte, en consacrant la noblesse sans lui assurer des prérogatives, l'a, pour ainsi dire, livrée à la haine envieuse de la démocratie, et elle ne pourrait subsister si le Gouvernement ne venait à son aide en lui accordant la préférence pour les fonctions publiques; nos mœurs ne lui permettant pas d'exercer les professions mercenaires, ni de se livrer aux spéculations commerciales *. Mais l'article 3, en déclarant tous les

* Je sais qu'il n'en est pas de même en Angleterre : mais que l'on fasse attention que ce peuple exploitant le haut commerce du monde, un gentilhomme peut faire des spéculations si considérables, et en retirer des bénéfices si prodigieux, qu'ils couvrent en partie ce que la chose peut avoir d'ignoble. Au reste ceci est absolument une affaire de préjugés, car aux yeux de la saine philosophie l'état le plus noble est celui qui rend les plus utiles services à la patrie.

Français admissibles aux emplois, vient sanctionner cette idée du jour, que le mérite est tout, que lui seul, étant joint aux qualités indispensables d'un bon citoyen, doit uniquement déterminer le choix : cette interprétation est principalement adoptée en ce qu'elle leurre les prétentions ambitieuses du plus grand nombre. Cependant, il est de fait que la noblesse est aujourd'hui, et le sera encore davantage par la suite, en possession des premiers emplois ; conséquemment elle disposera de toutes les faveurs. Cette différence de l'esprit de la loi fondamentale et son exécution, sera éternellement un sujet de discorde entre elle et les classes intermédiaires : elle servira de texte aux déclamations des tribuns factieux pour irriter les uns contre les autres, et les porter à une guerre ouverte ; ce qui amènerait une révolution, si mille causes que j'ai signalées ne devaient en accélérer l'explosion.

Je suis très-roturier, et j'ai de l'amitié ou de l'aversion pour un noble, suivant que ses rapports avec moi me sont agréables ou non : je ne suis peut-être pas exempt d'éprouver un mouvement de jalousie à la vue d'un passe-droit fait à moi ou à qui que ce soit, en faveur des titres ; néanmoins, il me semble nécessaire que, dans un royaume populeux et riche, il y ait une aristocratie puissante, ayant des droits et des priviléges à part ; elle servirait de boulevart au trône, contre lequel les attaques de la démocratie viendraient échouer.

Le seul but que le législateur doive se proposer, c'est l'existence et la durée d'une nation ; nullement la satisfaction de l'amour-propre individuel. Tout est hasard ici-bas : c'est par une bizarrerie du hasard que celui-ci, issu d'un marquis, jouirait de certains avantages sociaux, de même que celui-là étant né d'un père qui lui a laissé une grande fortune, passe sa vie à s'amuser, ne rien apprendre, faire le vaurien, sans que cela l'empêche d'être bien accueilli en tout lieu, et de se voir toujours un objet de préférence sur l'homme vertueux qui a plus de mérite que d'argent. C'est aussi par l'effet du hasard que le fils d'un bourgeois, en recevant une bonne éducation, peut prétendre à remplir un état ou une charge honorable, tandis que les enfans d'un pauvre ouvrier sont condamnés à des travaux rustiques et à vivre de privations. Au surplus, le bonheur n'est pas dans telle ou telle condition ; il est partout quand on sait borner ses desirs : mais le malheur d'un peuple est indubitablement dans cette frénésie que chacun veuille sortir de la sphère que la nature lui a assignée.

CHAPITRE VII.

A LEUR début, les ministres* se hâtèrent de nous apprendre, par deux articles insérés dans le *Journal des Débats*, sous les dates des 18 janvier et 24 février, ce que nous devions espérer d'eux : nous eûmes la certitude que tout irait comme par le passé; que l'État continuerait de marcher vers sa ruine, seulement d'un pas moins accéléré. En lisant tout ce vain étalage de principes erronés, de théories générales, par cela même très-insuffisantes à la situation particulière où nous nous trouvons, on dût s'apercevoir que le règne des sophistes n'était pas fini.

Ces manifestes ont eu le succès qu'on pouvait s'en promettre, celui de faire réjouir la secte des prudens, de faire sourire de pitié les libéraux, de porter le découragement dans l'âme des royalistes, et de faire opérer un demi-tour à cette immensité d'hommes, qui, toujours guidés par leurs intérêts personnels, attendaient, pour se

* Je dis les ministres, malgré que l'on sache que c'est l'ouvrage d'une partie de ses membres.

décider, de voir comment on savait payer les services. Mais quoi! ils ont pu se dire tout bas: Vous ne rendez rien à ceux qui ont tout perdu en défendant Dieu et leur roi! Aucune injustice ne sera réparée, et nul vice détruit, et vous prétendriez que l'on s'attache à vous! D'ailleurs, votre système n'est pas sûr; vous n'indiquez pas assez ce qu'il faut que l'on fasse, puisque vous ne punissez, ni ne récompensez.

Les Français se passionnent volontiers pour tout ce qui porte l'empreinte d'un caractère fort et bien prononcé. Combien n'avons-nous pas d'exemples que des hommes médiocres se sont fait une réputation colossale en développant, dans des circonstances opportunes, une énergie extraordinaire? Quels prodiges n'opérerait-il pas, un ministre des Bourbons qui ferait abnégation de lui-même pour assurer leur avenir? Il verrait aussitôt la foule accourir sur ses pas, ses amis le servir avec ardeur; ses ennemis seraient contraints de l'admirer; plus d'un s'uniraient à lui. Cela est si vrai, qu'un de ceux qui sont en place ayant montré de la fermeté dans plusieurs occasions, il n'est déjà plus question que de lui dans les salons; on se complaît à lui prêter ce caractère qui nous séduit; les personnes d'une opinion tout-à-fait opposée à la sienne en parlent avec chaleur et en font la plus grande estime. Au lieu que les cafards, qui caressent et trompent tout le monde, qui ne sacrifient qu'à leur estomac, leur sont odieux.

Voici littéralement les passages remarquables que j'ai retenus. Dans l'article du 24 il était dit : « Le ministère ne repousse aucun talent* ; il desire attirer à lui tous les hommes qui veulent servir la monarchie, dans quelques opinions qu'ils se soient trouvés précédemment placés** ; il ne récrimine point*** ; il oublie les anciens outrages**** ; il semble ne vouloir compter pour ennemis que ceux qui se montreraient tels depuis leur entrée aux affaires*****. »

* C'est-à-dire, le don de parler beaucoup ; aujourd'hui c'est le cachet du génie.

** Système faux, absurde : il est nécessaire que les opinions et la conduite politique passée d'un employé présente des garanties pour l'avenir.

*** Pourquoi récriminerait-il ? La Charte a proclamé l'oubli du passé, la loi punit les crimes, et la loi est impassible.

**** Un ministre n'a point d'outrages personnels à venger ; il a des devoirs à remplir, ceux de faire exécuter la Charte, de servir loyalement sa patrie et son Roi.

***** Comme un employé ne se montre jamais l'ennemi des ministres en place, les royalistes sont avertis, par le présent, qu'on n'aura point d'emploi à leur donner. Les libéraux furent si étonnés de lire une pareille déclaration de leur part, qu'ils eurent d'abord de la peine à y croire, et

Dans l'article du 18 janvier on distinguait ceci : « Il ne peut y avoir deux oppositions ; on se rangera pour ou contre le ministère, et les *talens* décideront de la victoire. » C'est être bien sûr de soi ! Et lorsque le combat entre le ministère et ses concurrens aura lieu (car on voit claire-

pour les mystifier, ils feignirent de ne les avoir pas compris : le lendemain on eut la bonhomie de publier une nouvelle profession de foi, qui enchérissait sur la première. Tout le reste est rédigé dans le même esprit : on y fait parade de son ingratitude ; on prétend n'être pas ambitieux, vu qu'une fois eux casés suivant leurs souhaits, ils repousseront tous ceux qui ne sont pas dans la position d'être leurs amis particuliers, lesquels cependant auront contribué de toutes leurs facultés au triomphe de la bonne cause. Quelle logique ! N'est-ce pas là, au contraire, une preuve évidente de l'ambition et du plus dur égoïsme ? Vous sacrifiez les royalistes, parce que vous savez qu'ils souffriront sans se plaindre, et vous ménagez des adversaires qui, en faisant du bruit, troubleraient vos jouissances ; ce sera au préjudice de l'équité et de la monarchie : mais qu'importe ! pourvu qu'on file tout doucement son nœud, et qu'on arrive sans obstacle au port où l'on veut toucher ; car, remarquez bien qu'au moment qu'ils annonçaient aux pauvres diables qui ont besoin d'eux, qu'ils ne doivent rien en espérer (il faut leur rendre la justice de dire qu'ils tiennent bien parole), ils recommandent instamment à ceux qui les ont élevés, et qui les soutiennent, de leur rester unis, crainte, disent-ils, que le centre gauche ne profite de nos divisions ; ce qui serait très-malheureux assurément. Mais ne serait-il pas possible ment qu'il ne s'agit que d'eux), la France et la monarchie qui, selon l'usage, sont placées sur le second plan du tableau, resteront spectatrices et jugeront des coups; elles attendront leur salut du plus ou moins de subtilité avec laquelle on réfutera des argumens, de la construction méthodique d'une phrase, ou bien de l'alignement de quelques chiffres et de l'exactitude d'une addition.

D'après ce défi porté, un des plus fameux ergoteurs du centre se présenta dans la lice, et prononça le discours le plus astucieusement séditieux que nous ayons encore entendu. On lui répondit; mais, loin de foudroyer l'orateur avec cette éloquence qu'inspire une noble indignation, on se contenta de louer son esprit, et l'on ne donna ni tort ni raison à ses maximes.

Plus loin on y lisait: « Ainsi de nos jours, à mesure que les anciens appuis du trône royal se brisent, il s'élève une force qui s'unit à ce pou-

que l'héritage échût à quelques-uns de ces hommes qui, lorsqu'ils étaient en place, au lieu de faire de beaux articles de journaux dans lesquels eux seuls auraient paru en scène, envoyaient à leurs subordonnés des circulaires exécutoires, brûlantes du plus pur amour pour les intérêts du Roi et de son auguste famille, et qui préférèrent céder leur porte-feuille plutôt que de composer avec leur conscience.

voir; cette force se tire de tous les hommes *supérieurs* par leurs *talens* et leurs *lumières* (c'est modeste). Le temps de l'*aristocratie* des *talens*, est venu; et c'est dans ce corps auxiliaire qu'une politique prévoyante doit chercher désormais les *soutiens* du trône : quiconque ne comprend pas cette vérité est étranger à son siècle. Pour vous, Monseigneur, nous nous plaisons à reconnaître que vous n'y êtes pas étranger à ce siècle qui a produit de si belles choses, sans compter celles que nous sommes réservés à voir : vous nous fournissez la preuve que votre *supériorité* a senti le contact du vertige dont il est travaillé.

Les grands seigneurs auraient pu se trouver un peu scandalisés de cette aristocratie rivale qu'on leur annonçait; mais on leur en a tant décoché de ces traits là, qu'ils y sont devenus insensibles. Du reste ils ne sont pas difficiles; ils vivent, c'est assez. Qui sait si demain existera! Convenons cependant que c'était moins pour les choquer que pour caresser messieurs les doctrinaires, qui sont des soleils de talens et de lumières, et les prévenir qu'ils faisaient naturellement partie de cette nouvelle aristocratie; qu'ils n'avaient qu'à patienter; qu'aussitôt que le premier feu serait assoupi on aurait soin d'eux ; en attendant, on leur promettait de ne pas toucher à leur queue, point très-important. Mais si, en vertu d'un principe si fièrement proclamé, tous les Français qui se croient aristocrates en fait de talens, appelaient son excellence en champ clos, et qu'il y fût décidé qu'un de ses commis à douze cents francs en a plus qu'elle, ne serait-elle pas obligée, bon gré mal gré, de lui céder sa place?

C'est peu de chose, sans doute, que d'être ingrats envers les royalistes et de les humilier; c'est fort bien fait de capter les bonnes grâces des doctrinaires, qui ont beaucoup d'esprit, comme chacun sait. Mais des libéraux, qui assurément ne sont pas bêtes, qu'en ferez-vous? Vous les percerez du dard de vos paroles, et il seront anéantis, n'est-ce pas! Malheureux, qui êtes si bouffis de vanité! sans cette royale famille qui vous soutient bien autrement que vous ne la soutenez, sans l'illusion que son nom révéré inspire à l'Europe entière, vous ne resteriez pas un instant debout? Pensez-vous que depuis trente ans nous ayons manqué d'hommes, de talens et de lumières? Si nous en sommes réduits à attendre le bonheur que vous êtes loin de nous promettre, c'est qu'il nous faut du positif et non de vains sophismes.

CHAPITRE VIII.

D'où vient donc cette manie du parlage qui nous possède? Quelle nécessité y a-t-il qu'un ministre perde un temps précieux à discuter sur des théories, sur les avantages ou les inconvéniens de tel ou tel mode de gouvernement? Il doit s'étudier à tirer le meilleur parti possible de celui qui est établi, et prouver, par ses actes, qu'il en a parfaitement saisi le mécanisme : qu'il abandonne le soin de ces recherches minutieuses aux hommes qui peuvent s'y livrer tout-à-fait; il lui suffira de choisir avec discernement ce qu'il y aura de bon dans leurs ouvrages, afin de l'adapter aux circonstances. Que n'a-t-on pas dit et écrit sur la législation passée et présente, sans que nous puissions en conclure que nous étions mieux gouvernés jadis qu'aujourd'hui? Attendu qu'en politique il n'y a point de vérité d'une démonstration mathématique; et comme on trouve partout un peu de bien pour beaucoup de mal, chacun présente la thèse qu'il défend sous le point de vue qui lui est favorable. Au surplus, toutes ces discussions sont à peu près oiseuses, parce qu'il est rare qu'il se rencontre un cas qui puisse s'appliquer à un autre. On peut perdre un empire en employant les moyens qui en auront élevé un autre au faîte de la gloire et de la prospérité.

C'est une erreur bien grande de la part de nos publicistes, de croire que tel mode de gouvernement soit le seul qui convienne à notre siècle. Pour moi, je déclare que je n'en connais aucun qui fût capable de nous préserver d'une dissolution complète, si la société ne subit une réorganisation; je veux dire, si l'on ne met les divers élémens sur lesquels son existence est fondée, en harmonie avec ses besoins. Par exemple, il est notoire que le pouvoir et la richesse de l'aristocratie (celle qui est consacrée par la charte, la pairie) ne sont pas proportionnés à ceux de la classe moyenne, quoiqu'elle possède plus de biens fonciers, et soit un des pouvoirs de l'État; et cela à cause des bénéfices journaliers que l'autre retire de ses capitaux, et du patronage qu'elle exerce sur toutes les classes inférieures.

La propension que nous avons à quitter les états nourriciers pour nous livrer aux arts parasites (d'agrément) et industriels, est une plaie qui s'agrandit tous les jours, et doit finir par dévorer le corps social. L'encombrement de nos productions industrielles se fera bientôt sentir, vu que la facilité des communications entre les peuples de l'Europe, les met tous également à portée d'acquérir les mêmes connaissances : il est certain que dans peu nos voisins pourront en partie se passer de nous à cet égard. Bien plus, c'est qu'à mesure que notre débit extérieur diminuera, nos productions en ce genre iront sans cesse en augmentant par les progrès que nous y faisons , ainsi que l'amour des plaisirs et du luxe étendra continuellement ses ravages. Il n'est nullement à craindre que nous mourions jamais de faim en France; c'est le besoin des superfluités qui nous tuera.

On est généralement convenu que, depuis des siècles, l'esprit de l'instruction publiquc est en contradiction formelle avec celui de nos institutions. On a cherché à y remédier, en choisissant, pour la diriger, un prélat recommandable par ses vertus et son savoir, guidé par de louables intentions ; mais il est hors de sa puissance de refaire la génération actuelle; son influence ne peut se faire sentir qu'à la longue, tandis que le torrent nous entraîne.

De toutes ces contrariétés dans l'éducation, les mœurs et les institutions ; de ces disparates de moyens dans les classes, et des besoins avec les ressources, naîssent autant de difficultés qui entravent la marche du gouvernement et précipitent le trône vers sa ruine : tous les mécontentemens retombent sur lui ; les ambitions déchues, les desirs non satisfaits l'accusent ; on le rend responsable de nos vices et de nos passions.

Nos hommes d'État sont ravis de joie, lorsqu'en se levant ils apprennent que tout n'est pas sens dessus dessous, que nous existons encore ; l'avenir est un néant pour eux. Ce qui est désespérant, c'est que nous ne pouvons guère nous flatter de voir changer de système, celui qui nous régit étant l'œuvre d'adoption des membres qui dirigent le conseil. Si les nuances d'opinions qu'on a cru remarquer entre eux prenaient une couleur plus prononcée, qu'une scission eût lieu, il est probable que les dissidens seraient vaincus, et que ceux qui resteraient maîtres du champ de bataille, se choisiraient des collègues parmi les orateurs distingués du ventre de la Chambre des Députés. Heureux ventre, c'est toujours à toi qu'on aura recours lorsque, pour se reposer des affaires publiques, on voudra soigner un peu les siennes ! Alors recommencerait ce tiraillement dont nous avons été témoins pendant cinq ans ; ce flux et reflux vers les extrémités, lorsqu'enfin le côté de la force l'emportera décidément : derrière est l'abîme. Si le ministère reste uni, et persévère à suivre les mêmes erremens, qu'une partie des hommes qui l'ont élevé, qui ont véritablement du talent, et qui, par leur fortune, sont dans une entière indépendance, s'accommodent d'un systême si vicieux, il marchera en tâtonnant jusqu'à ce qu'un événement extraordinaire vienne hâter la grande catastrophe; et, dans un nouveau 20 mars, la dynastie légitime se verrait dépossédée, sans coup férir, étant néanmoins chérie et vénérée des neuf dixièmes de la nation. Qui peut calculer les suites d'un tel malheur?

Il n'est pas douteux qu'immédiatement après que la révolution serait consommée, la lutte commencerait; que le gouvernement de la révolte ou de l'usurpation aurait bien des obstacles à vaincre; qu'il trouverait bientôt des ennemis même dans ceux de ses complices, dont il n'aurait pu satisfaire la cupidité. J'aime à croire que le peuple, à portée de comparer ce qu'il aurait perdu pour ce qu'on lui aurait donné, ne tarderait pas à se repentir de ce qu'il aurait fait ou laissé faire, que les souverains de l'Europe s'armeraient de nouveau en faveur d'une cause sacrée, et qu'après un déluge de calamités et de crimes, les précieux débris de la famille des Bourbons recouvreraient le patrimoine de leurs ancêtres. Mais pourquoi passerions-nous encore une fois par ces terribles épreuves? Pourquoi ne nous en tiendrions-nous pas à celles que nous avons faites? Pourquoi, comme en 89, ceux qui peuvent nous en préserver s'endorment-ils dans une coupable sécurité, et se livrent à des abstractions politiques au lieu de se guider par les simples notions du bon sens et de l'expérience? J'ai fait la supposition la plus satisfaisante que l'on puisse tirer du résultat de cet événement. Mais ne pourrait-on pas rembrunir le tableau? Si les cabinets des grandes puissances étaient alors en contestation pour des intérêts d'un ordre plus ou moins élevé, le nôtre ne manquerait certainement pas d'y prendre part, afin d'embrouiller les affaires et susciter une guerre, dans lequelle l'intervention de sa force armée deviendrait indispensable pour maintenir l'équilibre. Ensuite, qui oserait affirmer que, pour mettre un terme à l'effusion du sang humain, les souverains ne seraient pas obligés d'immoler la légitimité? Qui répondrait, d'ailleurs, qu'embarassés chez eux, ils n'abandonneraient pas une cause pour laquelle ils ont tant fait de sacrifices, quand ils verraient que ceux qui y sont les plus intéressés ne font rien pour la soutenir? Les difficultés, l'insouciance, des affections de famille pourraient à la fois conspirer contre elle. N'oublions pas surtout que, quelle que fût la situation des peuples qui entourent nos fontières méridionales, il nous serait facile de réveiller en eux cet esprit d'insurrection qui fermente si violemment aujourd'hui.

Si jamais des désirs ambitieux sont entrés dans

mon cœur, c'est en composant ce petit ouvrage : je regrette vivement que le peu d'habitude que j'ai d'écrire me prive de cette élocution persuasive qui entraîne tous les lecteurs, car je voudrais faire passer dans l'âme des amis de la paix, particulièrement de ceux qui président à nos destinées, l'intime conviction dont je suis pénétré que nous nous acheminons inévitablement vers une catastrophe épouvantable. Plût à Dieu que ceci ne soit qu'une chimère de ma part; que je n'aie pas l'avantage d'avoir deviné juste, comme il y a quinze ans, lorsque je prédisais la chûte de Bonaparte et le retour des Bourbons sur le trône de leurs pères ! Les raisons que j'en donnais, exprimées, ainsi qu'à présent, avec une courageuse simplicité, paraissaient ridicules à tous ceux qui les entendaient. Plût à Dieu que je n'aie eu du bon sens que cette fois !

Bien des royalistes me blâmeront peut-être de n'avoir pas trop flatté un ministère sorti tout entier de nos rangs. Comment, me diront-ils, avez-vous l'audace de mêler vos cris d'alarmes à nos chants d'allégresse ! Tout va le mieux du monde; nos récoltes sont abondantes; les impôts se paient exactement*; aux Chambres, nous som-

* Les ministres, en faisant l'éloge de leur administration, ont l'habitude de faire valoir ces considérations, comme si

mes à la veille d'emporter d'assaut les lois *si importantes* des douanes, des canaux et de l'établissement d'un séminaire; le tigre révolutionnaire est devenu doux comme un mouton; nous sommeillons en paix sur la foi que ceux qui veillent aux affaires sont de très-honnêtes gens (ce que je suis loin de contester), et sur la confiance des talens et des lumières que nous leur accordons sur parole: renoncez donc à l'espoir de troubler l'heureux calme dont nous jouissons. Eh bien, Messieurs, continuez de vous y livrer en aveugle; moi, je ne puis m'empêcher d'être effrayé, ni d'avoir la persuasion que l'affreux ouragan qui se forme à côté de nous viendra dévaster notre pays, et de croire que si le tigre fait la patte de velours, c'est qu'il voit, avec ses yeux de lynx, qu'on lui apprête, sans y penser, son horrible pâtée.

Et moi aussi, je me suis fait long-temps l'agréable illusion de voir combler le goufre de nos malheurs; mais c'était pendant que je voyais des ministères qui se composaient d'hommes mal intentionnés ou placés dans une fausse position: je prévoyais qu'après tant d'oscillations on en viendrait à essayer des royalistes; je pensais que

c'était eux qui donnent la chaleur au soleil qui fécondent notre sol, et qu'ils fussent les moteurs de l'industrie nationale.

ceux-ci sonderaient le mal, et qu'ils l'extirperaient jusque dans sa racine. J'ai vu leurs œuvres, et je n'espère plus.

P. S. Depuis que cet écrit était sous presse, les affaires d'Espagne ont pris un caractère plus alarmant; la guerre civile est définitivement déclarée : on devait nécessairement en venir là; c'est ce que j'ai prédit il y a vingt mois *. Les royalistes de France et leurs journaux, qui ont l'habitude de voir tout en beau, augurent très-bien de ces événemens pour les jours et pour l'autorité de Ferdinand. Quant à moi, je suis fâché de ne pouvoir encore cette fois être de leur avis, parce que je sais qu'en révolution ce n'est jamais la cause de la justice qui triomphe. Un parti qui s'appuie sur la multitude, en flattant ses passions, qui se recrute parmi la populace et de tous les mauvais sujets d'un royaume, qui leur donne, pour prix de la victoire, les riches dépouilles des vaincus, ainsi qu'il promet aux sous-officiers et soldats les places de leurs supérieurs, doit incontestablement l'emporter sur celui qui ne présente à ses adeptes que des pénibles sacrifices à faire et d'austères

* *Coup d'œil sur la révolution d'Espagne et de Naples*, brochure qui se vend chez Pélissier, au Palais-Royal.

devoirs à remplir ; quelquefois même le superbe dédain de ceux pour lesquels ils se sont fait écharper. Que dis-je? ici on les livre à leurs assassins ; là on les accable d'outrages et d'ingratitude : des lâches qui tremblent devant leurs ennemis ne retrouvent de l'audace que pour insulter ceux qui leur sont dévoués. Quel exemple abominable donnent-ils au monde !

La marche graduelle de cette grande commotion politique est absolument semblable à la nôtre, et ses résultats seront beaucoup plus affreux, attendu qu'alors l'esprit de vertige n'existait que chez nous, et qu'aujourd'hui il est partout. Je suis si persuadé que l'orage de sang qui s'élève sur la Péninsule ne tardera pas à franchir les Pyrénées, que si j'avais une famille et des capitaux, je les enverrais sur-le-champ en Angleterre. Cependant, admirez l'effrayante imperturbabilité de nos ministres ! leur comique jactance et leur fanfaronne sécurité ne les abandonnera qu'au moment où la foudre viendra les pulvériser.

Il est trop vrai que le déplorable système suivi par notre gouvernement est la source des calamités qui affligent ce malheureux pays ; il y a huit mois qu'avec vingt-cinq mille hommes il aurait pu y rétablir l'ordre, et assurer le succès de la monarchie constitutionnelle tempérée : maintenant, cela n'est plus en son pouvoir; car, quoiqu'il en dise, je ne lui conseillerai point de réunir quatre-vingt mille baïonnettes sur un seul point; je n'ai pas besoin de m'expliquer davantage.

Croirait-on qu'une Sainte-Alliance en faveur de l'humanité ait été solennellement proclamée à la face de l'univers, en voyant cette nation en proie aux horreurs de l'anarchie, et un petit-fils de Henri IV traîné lentement vers une mort violente, abreuvé, pendant sa route funèbre, de tous les mêmes genres d'iniquités qui rendirent l'agonie de notre Roi-martyr si longue et si douloureuse? Quel horrible bandeau couvre donc les yeux de ces hommes absurdes et orgueilleux qui président à nos destinées? La main d'un Dieu vengeur s'est-elle appesantie sur nous, et sa bouche terrible aurait-elle fulminé notre arrêt d'extermination?

FIN.

www.ingramcontent.com/pod-product-compliance
Lightning Source LLC
LaVergne TN
LVHW010049230826
846091LV00005B/1902

* 9 7 8 2 0 1 2 9 8 5 4 0 7 *